HUERTO *de* SAN VICENTE

CONCHA PELAYO

HUERTO *de* SAN VICENTE

Traducido al portugués / Tradução em português:
Jorge Mangorrinha e Carlos Sousa Almeida

Vision Libros

© Obra: HUERTO de SAN VICENTE

Primera edición: Octubre, 2024

© Autor: CONCHA PELAYO

ISBN: 978-84-10039-20-9
Depósito Legal: M-22746-2024

Ilustración interior: Francisco Somoza

© Editado por VISION LIBROS www.visionlibros.com

Gestión, promoción y distribución: Grupo Editor Vision Net S.L.
C./ San Ildefonso 17, local, 28012 Madrid. España.
Tlf: 0034 91 3117696 // Email: pedidos@visionnet.es
www.visionnet-libros.com

Disponible en librerías físicas y online.

A mi hija Concha

Prólogo

La música del *Romancero Gitano* de Federico García Lorca me acompaña desde que siendo una adolescente, leí por primera vez el famoso romance. Lo leí cuando las guerras me eran ajenas y las injusticias no se habían hecho presentes en mi sentir de niña. Lo leí y mi subconsciente jugó con sus versos y con su rima. Era música la que intuía, la que se mezclaba con las palabras. Lo leí sí, y lo olvidé.

Muchos años después, casi toda una vida, ya iniciado el nuevo siglo, volví al *Romancero Gitano*, mi vida ya vivida, algunas experiencias a mis espaldas. Ya supe de injusticias, de crímenes y de traiciones. Y la música y los poemas de Lorca me rondaban. Me rondaban tanto que comencé a leerlos de nuevo, con mucha calma. Y a medida que los iba leyendo, otra música, muy vocal, me interrumpía. Como si algo desde dentro me dijera que parara, que escuchara aquella voz que quería invocar al poeta; quería hablarle, interrogarle, increparle. Quería, al fin, ponerme en contacto con él.

Dice Juan Manuel Rodríguez Tobal en el prólogo que escribió en mi libro *Once Poemas a Lorca*, que es la primera parte de éste: "Si la escritura de un poema es la realización de un diálogo entre el poeta y su persona en primer lugar, y entre el poeta que está en el poema y el lector en segundo lugar, Concha Pelayo nos propone en estos romances suyos un diálogo de vuelta en exactos términos: con los poemas de Lorca en primer lugar, con el Lorca de los poemas luego, con su propio yo lírico después, para dar finalmente en un diálogo con nosotros mismos, inmersos definitivamente en este mundo de reflejos sin límite."

Juan Manuel ha verbalizado con exactitud lo que yo sentía y quería expresar, un diálogo de hombre a hembra, donde se reflejara y quedara patente el sentimiento de las mujeres a las que apenas se les dio sitio. Hoy, por fin, su coraje y su evolución ya han sido puestos en escena.

Después de la publicación de *Once Poemas a Lorca,* sentí otra vez la voz del poeta y volví a jugar con sus poemas, con el resto de los poemas que componen el *Romancero Gitano.* Y como el criminal que vuelve al lugar del crimen, volví una y otra vez a releer sus versos. Y su voz me perseguía y yo sentía la necesidad de responderle. Él me decía y yo contestaba. Y mi diálogo con Lorca era fluido, incesante, intenso. Y así volví a alzar mi voz de mujer para decirle lo que sentía al poeta español más universal de todos los tiempos.

Y por segunda vez el juego de espejos cumplía su cometido.

***

Y ahora, por fin, cumplo conmigo misma y con el compromiso íntimo que debía al *Romancero Gitano* de Lorca.

El libro que el lector tiene en sus manos incluye la primera parte de mi anterior trabajo, *Once Poemas a Lorca,* ya publicado, más los siete restantes que completan el total del *Romancero Gitano.* En ellos se recogen intensos momentos de introspección e intimidad donde intento acercarme al poeta siguiendo su misma rima y música, pero incorporando mis propios versos a modo de respuesta.

Por casualidad he viajado muy recientemente a Granada, y he visitado la *Huerta de San Vicente* y el interior de la casa donde Federico García Lorca pasaba los veranos. Allí pude aspirar el mismo aire que acarició al poeta y percibir la misma fragancia del azahar y de las rosas que lo impregnaba todo; y sentir en mi pecho la misma sensación de ligereza y plenitud que sentiría Lorca y de la que yo me dejé contagiar.

Mientras cerraba los ojos imaginaba a Federico nutrirse de aquel ambiente inspirador, de aquellos murmullos que se filtraban por las ventanas en las noches de verano. Lo imaginaba allí, cuando la casa se quedaba en silencio, y las criadas faenaban en la cocina y él sentado en una de aquellas sillas escuchaba con deleite todo lo que decían, que no sería más que dimes y diretes o secretos de vecindario.

Cuántas de aquellas conversaciones servirían a Federico para construir sus magistrales piezas teatrales.

Llena de emoción recorrí con mis ojos tan sagrado lugar, un espacio donde Federico nos dejó su esencia y su espíritu, vivos todavía.

Allí me resultó más fácil volver a introducirme de nuevo en sus versos y estrujarlos hasta hacerlos también míos. Tuve la sensación de que me fue entregada una llave mágica con la que podía abrir cada uno de sus poemas para intentar extraer algo más de ellos. Y así fue saliendo, verso a verso, todo lo que yo quería decirle al poeta para que volviera a repetirse el mismo juego de espejos.

Soñar es fácil y los sueños atrevidos. Ellos me llevan de nuevo a la *Huerta de San Vicente*, subo por la escalera a la segunda planta y me cuelo en la habitación de Lorca. Y allí, frente a frente, de tú a tú, charlamos como dos grandes amigos hasta el amanecer, bajo la luna de Granada.

Nota:

En esta nueva edición, al contrario que con *Once Poemas a Lorca*, donde el orden de los poemas es aleatorio, he querido que siguieran la misma disposición que Lorca hace con los suyos en el *Romancero Gitano*.

A modo de cierre, y en un apartado final, el libro incluye siete poemas más basados en su cancionero popular con los que he vuelto a establecer el mismo diálogo que con los primeros. Me han vuelto a tentar y yo, débil y enamoradiza, me dejé llevar.

No sin cierto rubor ofrezco al lector estos poemas inspirados en los originales del poeta granadino.

Concha Pelayo

Preâmbulo

A música do *Romancero Gitano* de Federico García Lorca acompanha-me desde que li o famoso romance pela primeira vez na adolescência. Li-o quando as guerras me eram estranhas e as injustiças não estavam presentes nos meus sentimentos enquanto criança. Li e o meu subconsciente brincou com os seus versos e rimas. Foi uma música que senti, que se misturou com palavras. Sim, li e esqueci-me.

Muitos anos depois, quase uma vida inteira, agora que o novo século começou, voltei ao *Romancero Gitano*, com a minha vida já vivida, algumas experiências atrás de mim. Já sabia das injustiças, dos crimes e das traições. E a música e os poemas de Lorca perseguiam-me. Assombraram-me tanto que comecei a lê-los novamente, com muita calma. E enquanto os lia, uma outra música, muito vocal, interrompeu-me. Como se algo de dentro me dissesse para parar, para ouvir aquela voz que queria invocar o poeta; queria falar com ele, questioná-lo, repreendê-lo. Eu queria, finalmente, entrar em contacto com ele.

Juan Manuel Rodríguez Tobal diz no prefácio que escreveu no meu livro *Once Poemas a Lorca*, que se trata da primeira parte: "Se a escrita de um poema é a realização de um diálogo entre o poeta e a sua pessoa em primeiro lugar, e entre o poeta que está no poema e o leitor em segundo lugar, Concha Pelayo propõe-nos, nestes seus romances, um diálogo em termos exatos: com os poemas de Lorca em primeiro lugar, com o Lorca dos poemas seguintes, com o seu próprio eu lírico depois, para finalmente entrarmos em diálogo connosco próprios, definitivamente imersos neste mundo de reflexões sem limites."

Juan Manuel verbalizou exatamente o que eu sentia e queria expressar, um diálogo de homem para mulher, onde os sentimentos das mulheres, que mal tiveram espaço, foram refletidos e esclarecidos. Hoje, finalmente, a sua coragem e evolução já foram postas em cena.

Depois da publicação de *Once Poemas a Lorca*, voltei a sentir a voz do poeta e voltei a jogar com os seus poemas, com o resto dos poemas que compõem o *Romancero Gitano*. E como o criminoso que regressa à cena do crime, voltei vezes sem conta para ler os seus versos. E a sua voz perseguiu-me e senti a necessidade de lhe responder. Ele contou-me e eu respondi. E o meu diálogo com Lorca foi fluido, incessante, intenso. E então voltei a erguer a minha voz de mulher para contar o que sentia ao poeta espanhol mais universal de sempre.

E pela segunda vez o jogo de espelhos cumpriu o seu propósito.

***

E agora, finalmente, cumpro comigo mesmo e com o compromisso íntimo que devia ao *Romancero Gitano* de Lorca.

O livro que o leitor tem em mãos inclui a primeira parte da minha obra anterior, *Once Poemas a Lorca*, já publicada, mais as restantes sete que completam o total do *Romancero Gitano*. Contêm momentos intensos de introspeção e intimidade, onde procuro aproximar-me do poeta, seguindo a sua mesma rima e música, mas incorporando os meus próprios versos como resposta.

Por acaso, viajei muito recentemente a Granada e visitei o Huerto de San Vicente e o interior da casa onde García Lorca passava os verões. Aí pude inalar o mesmo ar que acariciava o poeta e perceber a mesma fragrância de flor de laranjeira e rosa que tudo permeou; e sentir no peito a mesma sensação de leveza e plenitude que Lorca sentiria e pela qual me deixei contagiar.

Enquanto fechava os olhos imaginei Federico a alimentar-se daquela atmosfera inspiradora, daqueles murmúrios que se filtravam pelas janelas nas noites de verão. Imaginei-o ali, quando a casa estava silenciosa, e as criadas trabalhavam na cozinha e ele sentado numa daquelas cadeiras ouvindo com prazer tudo o que diziam, que não passava de mexericos ou segredos de vizinhança.

Quantas destas conversas serviriam ao poeta para construir as suas magistrais peças teatrais.

Cheia de emoção, explorei com o olhar um lugar tão sagrado, um espaço onde Federico nos deixou a sua essência e o seu espírito, ainda vivo.

Aí foi-me mais fácil voltar aos seus versos e espremê-los até que também fossem meus. Tive a sensação de que me foi dada uma chave mágica com a qual poderia abrir cada um dos seus poemas para tentar extrair deles algo mais. E assim saiu, verso a verso, tudo o que eu queria dizer ao poeta para que o mesmo jogo de espelhos se repetisse.

Sonhar é fácil e os sonhos são ousados. Levam-me de volta ao Huerto de San Vicente, subo as escadas até ao segundo andar e entro no quarto de Lorca. E ali, cara a cara, de ti para ti, conversámos como dois grandes amigos até ao amanhecer, sob a lua de Granada.

Observação:

Nesta nova edição, ao contrário de *Once Poemas a Lorca*, onde a ordem dos poemas é aleatória, quis que seguissem o mesmo arranjo que Lorca faz com os seus no *Romancero Gitano*.

Para terminar, e numa secção final, o livro traz mais sete poemas baseados no seu cancioneiro popular com os quais estabeleci, mais uma vez, o mesmo diálogo dos primeiros. Os poemas: "Cancioncilla sevillana", "Anda jaleo", "Os quatro muleros", "As três folhas", "Os mozos de Monleón", "Nana de Sevilla" e "Las morillas de Jaén" voltaram a tentar-me e eu, fraca e apaixonada, deixei-me levar.

Não sem um certo constrangimento, ofereço ao leitor estes poemas inspirados nos originais do poeta granadino.

Concha Pelayo

"Romance de luna, luna"

Me quedé mirando al cielo
para ver salir la luna,
esa lunita gitana
en la noche más oscura.

Un niño la está espiando
oculto tras una duna,
sus ojos lloran que lloran,
su pecho se le estrangula.

Por el camino, trotando,
un gitano de aceituna
va a galope, en su caballo,
presto, a salvar a su luna.

Ay, gitano mi gitano.
Ay, luna, lunita, luna,
no tengas miedo a tu amado
que te aguarda y te procura.

Te llevará en su caballo
galopando en la espesura.
Mira que te está esperando
un rojo yunque, un miura.

"Romance da lua, lua"

Olhei o céu
para ver nascer a lua
essa luazita cigana
na noite mais escura.

Um rapaz a espreita
escondido atrás de uma duna,
seus olhos choram e choram,
o peito se lhe estrangula.

Pelo caminho, trotando,
um cigano bronzeado
vai a galope, em seu cavalo,
pronto para salvar sua lua.

Ai, cigano, meu cigano.
Ai, lua, luazita, lua,
não receies o teu amado
que por ti espera e procura.

Levar-te-á em seu cavalo
galopando na espessura.
Olha que te espera
uma rubra bigorna, um Miura.

Cubre tus senos de estaño
con una nube de seda.
Y tus brazos nacarados
con azul manto de estrellas.

El aire la vela vela
el aire la está velando.

Cobre teus seios de estanho
com uma nuvem de seda.
E teus braços nacarados
com o azul manto de estrelas.

O ar a vela vela
o ar a está velando.

"Preciosa y el aire"

No te tengo miedo, Viento
ni quiero que me defienda
el cónsul de los ingleses.
Ni que me den a beber
ginebra, ni tibia leche.
No te tengo miedo, Viento,
corre, corre, ven a verme,
toca mi cuerpo desnudo,
mi vientre de nácar hierve.
Ven a enredarte en mis muslos
y en mi cintura caliente.
No tengo miedo a tu espada
ni a ese fuego que te pierde.
Mis pechos tiemblan desnudos,
la boca se me humedece.
No te tengo miedo, Viento,
ni quiero que titubees.
Ven al punto, no te pares,
ni que te detenga el Frente,
ven a beber de mis labios
de estos besos que te muerden.
No te tengo miedo, Viento.

"Preciosa e o Ar"

Não te tenho medo, Vento
nem quero que me defenda
o cônsul inglês.
Nem que me deem a beber
gim ou leite morno.
Não te tenho medo, Vento,
corre, corre, vem ver-me,
toca meu corpo nu,
meu ventre de nácar ferve.
Vem enlear-te em minhas coxas
e em minha cintura quente.
Não tenho medo da tua espada
ou desse fogo que te perde.
Meus peitos tremem nus,
a boca humedece-se-me.
Não te tenho medo, Vento,
não quero que hesites.
Vem, avança,
não te detenha a Frente,
anda provar meus lábios,
estes beijos que te mordem.
Não te tenho medo, Vento.

"Reyerta"

Eran pocos –se decía–
y parió la bisabuela.
Seis churumbeles gitanos,
dos, con doraditas crestas,
otros dos con alas de oro
y dos más que duermen siesta.

Eran pocos todavía.
De las copas del olivo
dos granadas se han caído
y en su caída parieron
dos cocos y un limonero.

Eran pocos, muy poquitos
y los civiles cantaban
y los civiles bebían
y se teñía de sangre
la pradera, y se reían.

Por la veredita abajo
ya sin aliento y sin freno,
ha descendido un gitano.
Fue el acero de Albacete
lo que mató al montillano.

"Bravo"

Eram poucas –dizia-se–
e pariu a bisavó.
Seis crianças ciganas
duas com doiradas cristas
outras duas com asas de oiro
e mais duas a dormir a sesta.

Eram poucas ainda.
Das copas das oliveiras
duas romãs caíram
e na queda pariram
dois cocos e um limoeiro.

Eram poucas, muito poucas
e os guardas cantavam
e os guardas bebiam
e manchada de sangue
a campina, e riam.

Pelo caminho abaixo
sem alento nem domínio
caiu um cigano.
Foi o aço de Albacete
que matou o montillano.

"Romance sonámbulo"

Sobre ese lecho de agua,
dormida está la gitana.
Verde la margen del río
verde el bosque que la ampara.
Los juncos mueren de pena,
las aves, tristes, no cantan.
y los pececillos bogan
sin saber lo que les pasa
y una cigüeña en la torre,
impávida, mira y calla.
El pueblo entero la llora,
los gitanos en la plaza,
los niños callan y miran,
los civiles se algazaran
y un gitano que se muere
mira a la luna de plata,
los ojos semicerrados,
las lágrimas se le escapan.
Verde carne, verde pelo,
verde el jubón que la tapa.
Verdes sus ojos abiertos,
destellos de fría plata.

Verde que te quiero verde.
Verde viento, verdes ramas.

"Romance Sonâmbulo"

Sobre este leito de água,
adormecida está a cigana.
Verde a margem do rio,
verde o bosque que a ampara.
Os juncos morrem de pesar,
as aves, tristes, não cantam.
Os peixinhos boiam
sem saber o que se passa,
e uma cegonha na torre
olha impassível e silenciosa.
O povo inteiro a chora,
os ciganos na praça,
as crianças calam-se e olham,
os guardas alvoroçam-se,
e um cigano que morre
olha para a lua de prata,
os olhos semicerrados,
as lágrimas escapam-lhe.
Verde carne, tranças verdes,
verde o gibão que a cobre.
Verdes seus olhos abertos,
lampejos de fria prata.

Verde que te quero verde.
Verde vento, verdes ramos.

"La monja gitana"

Tenso, tenso el bastidor.
Las flores se desparraman
entre los dedos de Sor.
A veces se pincha un dedo,
a veces se pincha dos.
La cabeza de la monja
no está allí, que se marchó.
Una gotita de sangre
cae al blanco bastidor
y una voz a sus espaldas
la reprende sin rubor.
¿Qué ocurre, qué pasa hermana
que te quiebra el corazón?
Tú estás casada con Cristo
y él será tu salvación.
Aventa tu fantasía,
no pienses en tu pasión,
ella no sabe de freno
y te tienta con tesón.
Sigue, sigue con tus flores,
borda, te acompaña Dios.

"A monja cigana"

Tenso, tenso o bastidor.
As flores espalham-se
entre os dedos de Soror.
Às vezes, pica-se um dedo,
às vezes picam-se dois.
A cabeça da monja
não está ali, foi-se.
Uma gotita de sangue
cai no branco bastidor
e uma voz nas costas
repreende-a sem rubor.
Que foi, que se passa, Irmã
que te quebra o coração?
Tu estás casada com Cristo
e ele será a tua salvação.
Afasta a fantasia,
não penses na paixão,
ela não conhece freio
e tenta-te com obstinação.
Continua, continua com as flores,
borda, Deus está contigo.

"La casada infiel"

Ella se marchó del río,
la bata desabrochada,
los botones se han perdido.
Ella se entregó de noche,
ella tenía marido.
No quisiste enamorarte,
ella de ti sí lo hizo.
Ni la arena ni los besos
manchan el amor sentido,
porque la mujer que ama,
se da entera, sin prejuicio.
Y tú fiel a tus principios
te portaste como eres,
como chulo señorito,
le contaste a tus amigos
que se fue contigo al río
aunque estaba ya casada,
aunque tenía marido.
Y si cien años viviera
iría a lavar al río
para ver si te acercabas
y arrugabas su vestido.

"A casada infiel"

Ela saiu do rio
de blusa desabotoada,
os botões haviam-se perdido.
Ela entregou-se de noite,
ela tinha marido.
Não quiseste enamorar-te,
ela de ti, sim, fê-lo.
Nem a areia nem os beijos
mancham o amor sentido,
porque a mulher que ama,
dá-se inteira, sem preconceitos.
E tu, fiel aos teus princípios,
portaste-te como eras,
como insolente rapazinho,
contaste aos teus amigos
que foi contigo ao rio
apesar de ser casada,
apesar de ter marido.
Cem anos vivesse,
iria lavar ao rio
para ver se te aproximavas
e lhe arregaçavas o vestido.

"Romance de la pena negra"

Ay, mis muslos ultrajados,
mi saya de encaje rota,
mi bastidor en el río,
mis agujas por las brozas.
A caballo se ha marchado
envuelto en la negra sombra
aquél mi gitano altivo,
el que me quitó la honra.
Ay, mi soledad, mi pena
sólo el mar entiende ahora
de por qué mi carne sufre
de por qué mis ojos lloran.
Ay, Soledad, Soledad,
qué tristeza estar tan sola,
a caballo se ha marchado
envuelto en nubes y en sombras.
Qué lejos mis ilusiones,
atrás mi alma de moza.
Así consumo mis penas
cómo se mustian las rosas.

Soledad, lava tu cuerpo.
En paz Soledad Montoya.

"Romance da pena negra"

Ah minhas coxas ultrajadas,
meu saiote
meu bastidor no rio
minhas agulhas de cardar.
A cavalo se foi
envolto na negra sombra
aquele meu cigano altivo,
o que me desonrou.
Oh minha soledade, minha mágoa
só o mar entende agora
porque sofre minha carne
porque choram meus olhos.
Oh Soledad, Soledad,
que triste estar tão só,
a cavalo se foi
envolto em nuvens e sombras.
Que longínquas as ilusões
da minha alma de moça.
Vou consumindo minhas penas
tal como murcham as rosas.

Soledad, lava o teu corpo.
Em paz, Soledad Montoya.

"San Miguel"

San Miguel en su capilla
planchado y almidonado
mira e impaciente espera
que lo levanten en andas
y lo saquen de su armario.

A lo lejos se oye el trote
de los mulos empolvados
bajan por el monte verde
bajo un cielo anaranjado.

El mar se ciñe a la playa
vienen manolas cantando
las enaguas remangadas
y los mantones pingando.

San Miguel está nervioso
en su vestido plisado
encajes y caracolas
chocan en sus muslos blancos.

"São Miguel"

São Miguel na sua capela
passado e engomado
olha e espera impaciente
que o levantem em andas
e o tirem do seu armário.

Ao longe ouve-se o trote
das mulas empoeiradas
descem a montanha verde
sob um céu alaranjado.

O mar abraça a praia
vêm manolas cantando
os saiotes enrolados
e os xailes pendurados.

São Miguel está nervoso
no seu vestido plissado
rendas e conchas
colidem nas suas coxas brancas.

"San Rafael"

Espera el Guadalquivir
coches cargados de flores
mientras los niños cantaban
voces como ruiseñores.

Córdoba vigila al río
al puente que la separa
el humo lo ciega todo
y la brisa alborotada.

II

Los niños ansiosos llegan
como juncos sus cinturas
dejan sus torsos desnudos
y los platea la luna.

San Rafael con sus brillos
de lentejuelas oscuras
Córdoba blanca de juncos
desbordando de hermosura.

"São Rafael"

Espera o Guadalquivir
carros cobertos de flores
enquanto as crianças entoavam
vozes como rouxinóis.

Córdoba vigia o rio
para a ponte que a separa
o fumo cega-lhe tudo
e a brisa revoltada.

II

As crianças chegam ansiosas
como juncos as suas cinturas
deixam os seus troncos nus
prateados pela Lua.

São Rafael com os seus brilhos
de lantejoulas escuras
Córdoba branca de juncos
transbordando de beleza.

Al lado opuesto la otra
preñada de arquitectura
Dos córdobas se acompañan
ellas que nunca se juntan.

La una mira a la otra
se envidian como dos mozas
el Guadalquivir las vela
son sus hijas los dos córdobas.

Do lado contrário a outra
grávida de arquitetura
duas córdobas se acompanham
elas que nunca se juntam.

Uma olha para a outra
invejam-se como moças
o Guadalquivir as navega
são suas filhas as duas córdobas.

"San Gabriel"

Caminando por la calle
envidia le tiene el cielo
calza zapatos brillantes
es gitano de ojos negros.

Las guitarras lo acompañan
mientras camina elegante
anchos hombros, torso fino
esbelto en su bello traje.

Se ha hecho de noche en la plaza
San Gabriel está llamando
a una joven que camina
dulce peso en su regazo.

Tendrás un hermoso niño
de ese tu vientre abultado
con un lunar en la frente
y tres heridas sangrando.

El niño en el vientre tiembla
y se llena de alegría
las estrellas en la noche
como nunca refulgían.

"São Gabriel"

Caminhando pela rua
o céu inveja-o
calça sapatos brilhantes
é um cigano de olhos pretos.

As guitarras acompanham-no
enquanto caminha elegante
ombros largos, tronco delgado
esbelto no seu lindo fato.

Já é noite na praça
São Gabriel está chamando
uma jovem que caminha
doce peso no seu regaço.

Terás um filho lindo
desse teu ventre protuberante
com uma verruga na testa
e três feridas a sangrar.

A criança no ventre treme
e enche-se de alegria
as estrelas à noite
brilharam como nunca.

¡Ay, San Gabriel, San Gabriel!
Gabrielillo de mi vida
bendiciones te de Dios
y a todas tus dinastías.

Ah, São Gabriel, São Gabriel!
Gabrielillo da minha vida
bênçãos para ti de Deus
e a toda as tuas dinastias.

"Prendimiento de Antoñito el Camborio"

Se cerraron los portones
y chirriaron los cerrojos.
Antonio se quedó solo,
ríos de agua son sus ojos.

Antonio Torres Heredia
se queda sin ver los toros
sin su varita de mimbre,
sin sus limones redondos.

Adiós a mi Maestranza
Adiós mi Torre del Oro
Adiós mi Guadalquivir.
Adiós mi Giralda de oro.

Tengo miedo, mucho miedo,
me voy al oscuro pozo.
Siento la muerte muy cerca,
dentro de mi calabozo.

"Prisão de Antonito, o Cambório"

Fecharam-se os portões
e chiaram os ferrolhos.
António ficou só,
rios de água são seus olhos.

António Torres Herédia
fica sem ver os touros
sem sua varinha de salgueiro
sem seus limões redondos.

Adeus minha Maestranza
Adeus minha Torre de Ouro
Adeus meu Guadalquivir.
Adeus minha Giralda de ouro.

Tenho medo, muito medo,
vou para o escuro poço.
Sinto a morte mui próxima
dentro do meu calabouço.

Adiós gitano del alma,
no me esperes en los toros,
son las nueve de la noche
y se echaron los cerrojos.

Antonio Torres Heredia
hijo y nieto de Camborios.

Adeus, alma cigana,
não me esperes nos touros,
são nove da noite
e fecharam-se os ferrolhos.

António Torres Herédia
filho e neto de Cambórios.

"Muerte de Antoñito el Camborio"

Antonio Torres Heredia,
se ha extinguido tu candil.
No causarás más envidia
a nadie, en Benamejí.

Tu corbata está manchada
con tu sangre carmesí.
Ya no suenan las sirenas
ni llora el Guadalquivir.

Ay, Federico García
llama a la Guardia Civil.
Que se miren en tus ojos
y que me vean a mí.

Ay, Federico García,
por desgracia, esta moneda,
se volverá a repetir,
tu cuerpo será tributo
¡premio a la Guardia Civil!

"Morte de Antonito, o Cambório"

António Torres Herédia
extinguiu-se o teu candil.
Não causarás mais invídia
a ninguém em Benamejí.

A tua gravata está manchada
com teu sangue carmesim.
Já não soam as sirenes
nem chora o Guadalquivir.

Ai, Federico García
chama a Guarda Civil.
Que se mirem em teus olhos
e me vejam a mim.

Ai, Federico García
infelizmente, esta moeda
voltará a repetir-se,
teu corpo será tributo
e prémio para a Guarda Civil.

Aquí te espero compadre,
en casa, en Benamejí.
Se apagarán nuestras voces
cerca del Guadalquivir.

Aqui te espero compadre,
em casa, em Benamejí.
Apagaram-se as nossas vozes
junto ao Guadalquivir.

"Muerto de amor"

Cierra la puerta hijo mío
que no se oigan tus voces,
que han matado a tu primo
y a tu hermano. No me llores.
Mañana al amanecer,
iremos a cortar flores,
cuando esté saliendo el sol,
cuando canten los gorriones.
Vamos a decirle al viento
que sople fuerte en el bosque
para que todos lo oigan
en los altos corredores.
Abre la puerta, hijo mío,
que quiero decir su nombre
y necesito que el cielo
lo confunda con la noche.

Madre, cuando yo me muera,
que me entierren en el bosque,
que me caven una tumba
y que me pongan el nombre.

Serafines y gitanos
tocaban acordeones.

"Morto de amor"

Fecha essa porta, meu filho
que não se oiça a tua voz
que matou teu primo
e teu irmão. Não me chores.
Amanhã ao amanhecer,
iremos cortar flores,
quando o sol estiver a despontar,
quando os pardais cantarem.
Vamos dizer ao vento
que sopre forte no bosque
para que todos o ouçam
nos altos corredores.
Abre essa porta, meu filho,
que quero dizer o seu nome
e preciso que o céu
o confunda com a noite.

Mãe, quando eu morrer,
que me enterrem no bosque,
que me cavem uma sepultura
e nela ponham o meu nome.

Serafins e ciganos
tocavam acordeões.

"Romance del emplazado"

No hay madre que aguante, hermano,
sentencia tan despiadada,
que le digan a su hijo
que aprenda a morir mañana.

Fue un veinticinco de junio
cuando a Amargo así le hablaban:
corta adelfas de tu patio,
pide luces y campanas.
Aprende a cruzar las manos
aprende a hacer tu mortaja.

Ay, madre, que frío tengo,
qué fría está la mañana.
Ya me huele a Camposanto
y a las flores de mi caja
y escucho a las plañideras
que gimen desconsoladas.

Ay, madre, qué sino el tuyo
traicionando tus entrañas.
No podré cerrar tus ojos
ni componer tu mortaja.

"Romance do condenado"

Não há mãe que aguente, irmão,
sentença tão desapiedada,
que digam ao filho
que aprenda a morrer amanhã.

Foi um vinte e cinco de Junho
que a Amargo assim disseram:
corta adelfas do teu pátio,
pede luzes e sinos.
Aprende a cruzar as mãos
aprende a fazer a tua mortalha.

Ai, mãe, que frio tenho,
que fria está a manhã.
Já me cheira a cemitério
e às flores do meu caixão
já oiço as carpideiras
que choram desconsoladas.

Ai, mãe, que sina a tua
atraiçoando tuas entranhas.
Não poderei fechar-te os olhos
nem compor-te a mortalha.

"Romance de la guardia civil"

La noche cerrada apunta
en la puerta de mi casa
los gitanos ya se ocultan
tranquilos en sus barracas.

Por la mañana temprano
mientras cantan y se lavan
una niña gime y llora
mirando por la ventana.

Un guardia civil acecha
vigilando a la muchacha
quince añitos, quince abriles
y a punto están de casarla.

A la virgen se encomienda
con súplicas y plegarias
se oyen caballos al trote
a punto están de llevarla,

Un relincho se oye fuera
un alazán que se para
se despertará desnuda
de los pechos mutilada.

"Romance da guarda civil"

A noite cerrada aponta
à porta da minha casa
os ciganos já se ocultam
sossegados nas suas barracas.

De manhã cedo
enquanto cantam e se lavam
uma menina geme e chora
olhando pela janela.

Um guarda civil espreita
observando a menina
quinze anos, quinze abris
e estão prestes a casá-la.

À virgem se encomenda
com súplicas e orações
ouvem-se cavalos a trote
prestes a levá-la.

Um relincho se ouve lá fora
um alazão que se detém
se despertará nua
de seios mutilados.

Rosa, la de los Camborios
así la niña se llama.

Rosa, a dos Cambórios
Assim a menina se chama.

"Martirio de Santa Olalla"

Olalla, así se llamaba
¡qué culpa la niña tiene!
¡qué crimen para matarla!
el cónsul pide bandeja
carne trémula en la plata.

Tiemblan sus senos desnudos
y la sangre se resbala
hay hombres por todos lados
ellos denuncian y lanzan
en vez de versos cuchillos
por abrazos amenazas.

Son hombres, siempre los hombres
los que siembran el terror
en las calles y en las plazas.
¿Son ellos, hijos de Dios...?

Por el suelo van rodando
las blancas manos de Olalla
y un corcel de negras crines
a punto está de pisarlas.

"Martírio de Santa Olalla"

Olalla, assim se chamava
que culpa tem a menina!
que crime matá-la!
o cônsul pede uma bandeja
carne trémula na prata.

Tremem os seus seios nus
e o sangue escorrega
há homens em todo o lado
que denunciam e lançam
em vez de versos, facas
por abraços, ameaças.

São homens, sempre os homens
aqueles que espalham o terror
nas ruas e nas praças.
São eles, filhos de Deus...?

Pelo chão vão rolando
as mãos brancas de Olalla
e um corcel de negras crinas
está prestes a pisá-las.

Da un relincho y se levanta
de sus ojos como ríos
de pena resbalan lágrimas
qué lástima que no sean
del verdugo y de su casta.

La noche muy larga noche
todos ya se van a casa
Olalla pende de un árbol
solica y carbonizada.

Relincha e levanta-se
dos seus olhos como rios
de tristeza fluem lágrimas
que pena que não sejam
do carrasco e da sua casta.

À noite, muito longa noite
todos já seguem para casa
Olalla pende de uma árvore
sozinha e carbonizada.

"Burla de don Pedro a caballo"

Buscaba el amor
y ansiaba los besos
don Pedro lloraba
gemía el caballero.

El viento invisible
soplaba en las ramas
y la luna blanca
se mira en el agua.

Qué miraba la luna
¡qué miraba!
Había otra luna
hundida en el agua.

De lejos un niño
sentado en la orilla
contempla la luna
sus ojos son faros
todo lo iluminan.

La luna está arriba
la luna está abajo
y el niño susurra:
dos platillos blancos.

"Burla de D. Pedro a cavalo"

Procurava o amor
e ansiava por beijos
D. Pedro chorava
gemia o cavaleiro.

O vento invisível
soprava nos ramos
e a lua branca
olha-se na água.

Que olhava a lua
que olhava!
Havia outra lua
afundada na água.

De longe uma criança
sentada na margem
contempla a lua
os seus olhos são faróis
tudo iluminam.

A lua está alta
a lua está baixa
e o menino sussurra:
dois pires brancos.

Un bosque de cedros
recibe a don Pedro
dos mujeres y un viejo
van al cementerio.

El aire se impregna
de azafrán y romero
dos cirios alumbran
al caballo muerto.

Brilla en la distancia
la ciudad ardiendo
un hombre la llora
gime el marinero.

El limo flota en el agua
olvidado está don Pedro
las ranas juegan con él
esquivan su cuerpo yerto.

Uma floresta de cedros
recebe D. Pedro
duas mulheres e um velho
vão ao cemitério.

O ar se impregna
de açafrão e alecrim
duas velas alumiam
o cavalo morto.

Brilha ao longe
a cidade a arder
um homem chora-a
geme o marinheiro.

O limo flutua na água
esquecido está D. Pedro
as rãs jogam com ele
evitam o seu corpo rígido.

"Thamar y Amnón"

Versos y versos rimados
con metáforas de luna
el poeta es elegante
y a Thamar y Amnón oculta.

La noche invita a soñar
las estrellas en el cielo
iluminan a Thamar.
Está desnudo su cuerpo
brilla como un alazán.

Amnón muy quieto en la torre
ya no se atreve a mirar
hay un contrato sagrado
escrito de sangre está.

Versos y versos rimados
palabras que el viento lleva
para camuflar airado
lo que Amnón, tanto desea.

Thamar cerraba su flor
por florecer desespera.
Que venga Amnón por favor
¡que sea lo que Dios quiera!

"Thamar e Amnón"

Versos e versos rimados
com metáforas de lua
o poeta é elegante
e esconde Thamar e Amnón.

A noite convida a sonhar
as estrelas no céu
iluminam Thamar.
Está despido o seu corpo
brilha como um alazão.

Amnón muito quieto na torre
já não se atreve a olhar
existe um contrato sagrado
escrito de sangue.

Versos e versos rimados
palavras que o vento leva
para encobrir a raiva
aquilo que Amnón tanto quer.

Thamar fechou a flor
por florir desespera.
Que venha Amnón por favor
que seja o que Deus quiser!

Que la dejara decía:
No te me acerques Amnón
huye en la noche sombría
que me esperan las gitanas
para comprobar tu hombría.

La luna brilla en la noche
gotas de sangre en la cama
todos gritan todos huyen
y el padre de los impíos
raja las venas del arpa.

Que a deixara dizia:
Não te aproximes de mim, Amnón
foge na noite sombria
que me esperam as ciganas
para provar a tua masculinidade.

A lua brilha na noite
gotas de sangue na cama
todos gritam, todos fogem
e o pai dos ímpios
quebra as veias da harpa.

A MODO DE DESPEDIDA

Y siete canciones +

COMO UM ADEUS

E sete canções +

"Cancioncilla sevillana"

Tomó la flor Isabel
y sus hojas deshojara
—que sí, que no—
me quiere, o se olvidó.

Los pétalos en los dedos
en los labios pura miel
las horas se hacen eternas
para encontrarse con él.

Corrió hacia el naranjel
a esperar la amanecida
el día huele a albahaca
a laureles y a jazmines.

—Que sí, que no—
me quiere, o se olvidó.
Ay, Isabel, Isabel
cuánto suspirar por él.

"Cantiga sevilhana"

Pegou a flor Isabel
e suas folhas desfolhara
–sim, não–
me quer, ou se esqueceu.

As pétalas nos dedos
nos lábios puro mel
as horas tornam-se eternas
para se encontrar com ele.

Correu em direção à laranjeira
a esperar o amanhecer
o dia cheira a manjericão
aos louros e aos jasmins.

–Sim, não–
me quer, ou se esqueceu.
Ah, Isabel, Isabel
quanto suspirar por ele.

"Anda jaleo"

Porque te quiero te quiero
sin poderlo remediar
aunque salga al campo sola
aunque me quieran cazar
ojalá me acierten pronto
los dardos de tu mirar

¡Anda jaleo, jaleo!

Si fuera yo una paloma
las plumas yo me cortara
para hacerte una corona
y llevártela a tu casa.

¡Anda jaleo, jaleo!

Se ha escuchado un alboroto
de allá viene el tiroteo
ponte a salvo yo te espero
en el coche de caballos
escondida tras el cerro.

¡Anda jaleo, jaleo!

"Anda jaleo"

Porque te amo, te amo
sem poder remediar
mesmo que saia só para o campo
mesmo que me queiram caçar
espero que me acertem logo
os dardos do teu olhar.

Vamos jaleo, jaleo!

Se eu fosse uma pomba
as penas eu cortaria
para te fazer uma coroa
e levá-la a tua casa.

Vamos jaleo, jaleo!

Foi ouvida uma agitação
de lá vem o tiroteio
fique segura, eu espero-te
na carruagem de cavalos
escondida atrás da colina.

Vamos jaleo, jaleo!

"Los cuatro muleros"

Ven pronto *pacasa marío* mío
que te espero entre sábanas
de hilo fino.

De los cuatro muleros que van al agua
el de la mula torda me roba el alma.

Ven pronto *pa* casa
no te entretengas
no sea que otros ojos
me hagan su prenda.

De los cuatro muleros que van al río
el de la mula torda es mi *marío*.

"As quatro mulas"

Vem depressa, p'ra casa marido meu
espero-te entre os lençóis
de fio fino.

Das quatro mulas que vão para a água
aquela mula cinzenta rouba-me a alma.

Vem logo p'ra casa
não te entretenhas
não seja que outros olhos
te façam o teu resguardo.

Das quatro mulas que vão para o rio
aquela mula cinzenta é o meu marido.

"Las tres hojas"

Debajo de la enagua
de mi vestido
se desliza la mano
de tu marido

De mi vestido niña,
de mi vestido
enagüita de seda
dedos de lino

No pongas más disculpas
mujer ligera
ni digas que tu amante
muere de pena.

"As três folhas"

Debaixo do saiote
do meu vestido
desliza a mão
do teu marido.

Do meu vestido de menina,
do meu vestido
saiote de seda
dedos de linho.

Não arranjes mais desculpas
mulher ligeira
nem digas que o teu amante
morre de tristeza.

"Los mozos de Monleón"

Ya no tañen las campanas
solitario el Camposanto
la luna de plata vela
Manuel Sánchez enterrado.

La viuda llora de pena
un torito lo ha matado
madre sin hijo se queda
y un hijo que está llorando.

Solitaria está la plaza
enrojecida la arena
de la sangre de Manuel
sangre caliente que quema.

"Os moços de Monleón"

Já não tocam os sinos
solitário o Camposanto
a lua de vela prateada
Manuel Sánchez sepultado.

A viúva chora de dor
um pequeno touro matou-o
mãe sem filho fica
e um filho a chorar.

Solitária está a praça
avermelhada a areia
do sangue de Manuel
sangue quente que queima.

"Nana de Sevilla"

Duérmete gitanito
no tengas pena
que mi boca te canta
que mis labios te besan

Duérmete gitanito
pierde cuidado
ahora yo soy tu madre
que te ha adoptado.

"Nana de Sevilha"

Vai dormir ciganito
não tenhas pena
que a minha boca te canta
que os meus lábios te beijam

Vai dormir ciganito
não te preocupes
agora sou a tua mãe
que te adotou.

"Las morillas de Jaén"

Eran tres moras las tres:
Axa, Fátima y Marién
iban a coger olivas
por los campos de Jaén.

Confiadas caminaban
Axa, Fátima y Marién
iban a coger manzanas
que les gustaba comer.

Cantaban y se reían
por los campos de Jaén.
duró poco la alegría
Axa, Fátima y Marién.

¡Alto niñas, dónde vais!
Sois moritas o cristianas:
Somos moritas, señor
y bautizadas cristianas.

¡Por Alá, por Jesucristo!
Nuestros pasos nos llevaban
por los campos de Jaén
Axa, Fátima y Marién.

"Las morillas de Jaén"

Havia três amoras, as três:
Axa, Fátima e Marién
iam apanhar azeitonas
pelos campos de Jaén.

Confiantes, caminhavam
Axa, Fátima e Marién
iam colher maçãs
que gostavam de comer.

Cantavam e riam
pelos campos de Jaén
durou pouco a alegria
Axa, Fátima e Marién.

Parem meninas, para onde vão!
São mouras ou cristãs:
Somos mouras, senhor
E batizadas cristãs.

Por Alá, por Jesus Cristo!
os nossos passos nos levavam
pelos campos de Jaén
Axa, Fátima e Marién.

.

Índice

* - Tradução: Jorge Mangorrinha

** - Tradução: Carlos Sousa Almeida